RHINOVERLAG

Impressum

Tel.: (0 36 77) 6 30 25, Fax: (0 36 77) 6 30 40, www.rhinoverlag.de

Fotos:	Volker Knuth und Photographen, die seit 100 Jahren vor ihm das Leben in Bansin auf Postkarten festhielten
Redaktion:	Anette Cotta
Layout, Satz:	Sibylle Senftleben
Schrift:	Book Antiqua
Titelgestaltung:	Sibylle Senftleben
Druck:	DZA Druckerei zu Altenburg GmbH, Altenburg

1. Auflage 2008

ISBN: 978-3-939399-10-0

Egon Richter
Volker Knuth

Seebad Bansin

Die Entwicklung eines Badeortes

RHINOVERLAG

Inhaltsverzeichnis

Seite

Vorwort 6
Das Seeheilbad Bansin 8
Villa Bertha und Villa Hedwig um 1890 24
Haus „An der See“ und Villa „Meeresstrand“ 2007 25
Strandleben in den 1920er Jahren 26
Morgens am Strand 2007 27
Die Bergstraße um 1917 28
Die Bergstraße 2007 29
Die Promenade um 1900 30
Die Promenade 2007 31
Strandpromenade mit Seebrücke 1928 32
Die Seebrücke 2007 33
Das Warmbad um 1914 34
Das Warmbad und „Hotel am Schloonsee“ 2007 35
Die „Schweizerhäuser“ 1938 36
Pensionen „Vineta“ und „Strandklause“ 2007 37
Villa Ney 1904 38
Geschäftshaus mit Restaurant 2007 39
Die Seestraße 1907 40
Die Seestraße 2007 41
Die Kreuzung Seestraße / Schloonstraße um 1900 42
Die Kreuzung Seestraße / Waldstraße 2007 43
Strandvillen 1905 44
Strandvillen 2007 45
Blick von der Seebrücke 1914 46
Blick von der Seebrücke 2007 47
Bergstraße mit Villen 1922 48

Seite

Bergstraße 2007 49
Bergstraße um 1910 50
Bergstraße 2007 51
Haus Rolandseck um 1930 52
Haus Rolandseck 2007 53
Promenade 1937 54
Promenade 2007 55
Haus „Seeschloss“ 1938 56
Haus „Seeschloss“ 2007 57
Hotel „Meeresstrand 1897 58
Bauabsicht 2007 59

Verwendete Literatur 60
Die Autoren 62

Zum Geleit

Was hätten wohl die ersten Gäste der „Kaiserbäder“ zu unserem heutigen Strandleben gesagt, und wie würden wir staunen, wie es damals zuging. Damals, als die, die es sich leisten konnten in die Bäder fuhren. Zu Beginn war da, wo heute die feinen Hotels und Ferienhäuser Bansins stehen, außer Strand, Düne und ein paar Fischerbooten – nichts. Das Dorf Bansin befand und befindet sich noch, auf der meerabgewandten Seite, am Gothensee. Das war wohl für die ersten Siedler vor 750 Jahren die sichere Seite. Uns Heutigen zeigt sich die Eleganz der schönen Gebäude entlang des Ostseestrandes. Als die ältesten unter ihnen entstanden, war im deutschen Kaiserreich die industrielle Revolution in voller Blüte, der „Erzfeind“ war 1870/71 im Deutsch-Französischen Krieg geschlagen, wer es verstand, nutzte die Zeit und brachte es in der Gründerzeit zu einem gewissen Vermögen. Gleichzeitig bekam die Entwicklung in allen Wissenschaftsbereichen einen enormen Schub, auch im Bereich der Medizin. Ärzte und weiteres Personal der heilenden Zunft entdeckten die stabilisierende und bessernde Wirkung des Klimas an der Küste. Was zunächst in Frankreich und England in Mode kam, sprach sich auch alsbald im Deutschen Kaiserreich herum – Ferien an der Küste helfen gegen Asthma, verbessern die Haut und sind allgemein ganz gut gegen Nervosität und gereizte Stimmung. Aus unserer Sicht war Urlaub an der Ostsee vor 100 Jahren eine recht prüde Angelegenheit, es ging konventionell und gesittet zu. Dabei war die Zeit in den Ferien an der Küste für unsere Vorfahren schon eine gewisse Entspannung und Zerstreuung von den strengen Regeln. Zunächst trauten sich nur ganz Mutige ins kühle Nass. War man doch fest davon überzeugt, dass man sich den Tod holen könnte oder, was noch schlimmer war, die Mitmenschen einen für völlig durchgedreht hielten. Was uns heute wundert, war für unsere Vorfahren auch ein logistisches Problem. Im Zeitalter der Leinen- und Baumwollstoffe, der Korsetts und langen Röcke, ohne Waschmaschine und Superwaschmittel, war es nicht so einfach, mal schnell in die Wellen zu stürzen.

Aber die Zeiten haben sich gewandelt. Den ersten tiefen Einschnitt verpasste der Erste Weltkrieg. Die Sitten lockerten sich, die Röcke wurden kürzer. Reformkleider lösten die ohnmachtsfördernden Korsagen ab. In den zwanziger Jahren erhielt Bansin die erste deutsche Freibadeerlaubnis. Nun durften sich die Gäste in Badebekleidung frei am Strand bewegen. Der Sprung ins Wasser vom Strandkorb aus war nun kein Problem. Nobel ging es auch weiterhin zu – nur die obersten Schichten konnten sich es leisten, in den schönen Häusern zu logieren und einen sorgenfreien Ostseeurlaub

zu genießen. Das Auf und Ab der deutschen Geschichte hallte auch in Bansin wider, im folgenden Text geht der Autor Egon Richter intensiver darauf ein.
Wenn man anhand der alten Fotos die Veränderungen im Laufe der Zeit abliest und gleichzeitig feststellt, wie viel an historischer Architektur erhalten blieb, restauriert wurde oder als Vorlage für Nachbauten diente, wirft das auch ein Bild auf unsere Zeit. Die Kleidung und Konventionen haben sich geändert, die Autos sind größer und zahlreicher geworden. Neue Architektur kam kaum hinzu und wenn, stößt sie selten auf Begeisterung. Die Zahl der Gäste auf Usedom ist in den letzten Jahren stetig gestiegen; noch immer gibt es die glamourösen Angebote für den großen Geldbeutel, aber auch die weniger Betuchten finden einen Platz für ihr ganz persönliches Ostseeglück. Es ist sehr zu empfehlen, die Strandpromenade oder direkt am Ufer entlang zu spazieren. Auch die beiden anderen Kaiserbäder, Ahlbeck und Heringsdorf, sollte man besuchen. Alle drei verbindet die über sieben Kilometer lange Strandpromenade, die mit allerlei Abwechslung für Zerstreuung sorgt. Hier kann man seine Studien treiben – architektonische und menschliche. Die Bausubstanz, auf den ersten Blick in den drei Bädern durchaus ähnlich, unterscheidet sich durch die historische Entwicklung der Orte. All diese schönen Häuser wurden gebaut, um Gästen stilvoll eine Ferienunterkunft zu bieten. Diese Hotels und Pensionen haben die Gratwanderung zwischen elegant und pompös zu ihren Gunsten entschieden und sind mit ihrer heiteren Leichtigkeit weit weg von der kalten Anonymität moderner Betonbettenburgen. Die Übernachtungen in diesen Häusern haben ihren Preis, aber wer es sich leisten möchte, einmal dieses Gefühl in solch einem Haus zu nächtigen, des Morgens aufzuwachen, aufs Meer zu schauen und den Sonnenaufgang zu genießen, wie all die anderen Gäste seit vor über 100 Jahren, der sollte einen Weg finden, sich diesen Luxus zu gönnen.
Die Auswahl der historischen Aufnahmen aus dem umfangreichen Fundus des Fotografen Volker Knuth erfolgte zum einen danach, aus verschiedenen Zeitabschnitten eine Abbildung zu finden und zum anderen nach der Möglichkeit, die historische Aufnahme mit der Gegenwart zu vergleichen. Nicht in jedem Fall war das möglich: Manche Gebäude sind im Laufe der Zeit verschwunden, manche Sichten wurden verbaut, Fotopositionen sind nicht zugänglich, weil in Privatbesitz. Wie auch immer man den Aufenthalt in Bansin verbringt, der wunderbare Strand, das Meer, das Aroma der Seeluft, die Atmosphäre des Ortes – noch immer überwältigt nach langer Anfahrt der erste Blick aufs Meer, noch immer gibt der feine Sandstrand das glückliche Gefühl des Barfußlaufens, noch immer erfreut die herrlich Pracht der Architektur das Auge.
Ihr RhinoVerlag

Das Seebad Bansin

Das Seebad Bansin ist im Unterschied zu seinen östlichen Nachbarn Heringsdorf und Ahlbeck nicht aus einem schon vorhandenen dörflichen Siedlungskern hervorgegangen. Es ist vielmehr in eine karge Wald-, Dünen- und Wiesenlandschaft absichtsvoll hineingebaut und von Anfang an als Kur- und Badeort konzipiert worden. Es gibt daher weder im System der Straßenführung noch im Gebäudebestand „dörfliche" Erscheinungsformen. Der Ort war und blieb bis heute eine schöne und erlebenswerte Seebad-„Konstruktion", die schon zu Zeiten ihrer frühesten Existenz noch vor dem Ersten Weltkrieg Gäste aus ganz Deutschland und darüber hinaus anzog und begeisterte.

Das spricht keineswegs gegen den Reiz und die Beliebtheit seiner Nachbarbäder mit ihren ursprünglich dörflichen Siedlungskernen, es ist nur einfach etwas anderes.

Dennoch sind in keinem anderen Ort der drei sogenannten Kaiserbäder auf Usedom kurz vor und vor allem in den ersten fünfzehn Jahren nach der politischen Wende von 1989 so viele bauliche Veränderungen an der Promenade und im Zentrum des Seebades vorgenommen worden wie in Bansin. Diese für Einwohner und Gäste erstaunlichen Vorgänge begannen – wenn man dies so nennen will – mit der „Zerstörung" jener Gebäudekomplexe, die mit Fug und Recht als Anfänge des Fremdenverkehrs im Ort und des Seebades überhaupt angesehen werden müssen:

1988 ließ der FDGB-Feriendienst der DDR das „Strandhaus" – allen Einheimischen und Urlaubern besser bekannt unter dem Namen „Orlopp" – abreißen, um es neu und großzügiger wieder aufzubauen. Dazu allerdings konnte es nicht mehr kommen, weil wenig später mit der DDR auch deren Gewerkschaftsorganisation und ihr Feriendienst unterging. Fast zwanzig Jahre lang blieb die „Orlopp"-Fläche leer und diente im erhöhten Teil als eine Art Behelfsparkplatz und im unteren, direkt an der Promenade gelegen, als Standort für Grill-, Würstchen- und Bierbuden, die zwar an dieser Stelle direkt gegenüber dem Musik-Pavillon ihr gutes Geschäft, für das Promenadenbild selbst aber nicht den besten Eindruck machten.

Ebenso erging es dem historisch und gesellschaftlich im wahrsten Sinne des Wortes ersten Haus am Platze, dem Hotelkomplex „Meeresstrand" mit dem unbestritten schönsten Tanz- und Gesellschaftssaal der Insel Usedom. Nicht lange nach der Wende wurde auch dieses Häuserensemble Opfer der Abrissbirne – ebenfalls in der festen Absicht, es in prachtvoller Schönheit wiederentstehen zu lassen. Es blieb jedoch rund zwei Jahrzehnte lang bei einer von Abrisstrümmern befreiten und glattgewalzten Fläche, die wie das „Orlopp"-Areal als Großparkplatz direkt an der Promenade und zu besonderen Anlässen wie der 100-Jahrfeier vom Seebad Bansin als Standort für das Festzelt und andere gastronomische und „Jahrmarkts"-Einrichtungen diente. Ganz unschuldig war das Seebad selbst nicht an diesem Zustand, denn in den meisten Fällen konnten dessen Gemeindevertreter den von potenziellen Bauherren vorgelegten Plänen zum Wiederaufbau nicht zustimmen, weil sie der eindeutig festgelegten Konzeption, keine Hochhäuser und architektonisch mit der klassischen und ortsbildprägenden Promenadenbebauung nicht übereinstimmende Bauten zuzulassen, oder Kosten-, Beteiligungs- und Nutzungsfragen nicht zu lösen waren. Erst in jüngster Zeit konnte zwischen einer in Bansin, den beiden östlichen und auch anderen Insel- und Küstenstandorten mit Neu- und Umbauten erfolgreich vertretenen Investorengruppe nach langwierigen Verhandlungen eine Übereinstimmung erzielt werden, die sowohl den Interessen der Bauherren, der vorgesehenen künftigen Betreiber als auch den Vorgaben der Gemeinde weitestgehend entspricht. Da beide Bauvorhaben trotz moderner Technik längere Zeit in Anspruch nehmen werden (an eine Inbetriebnahme ist für das Jahr 2009 gedacht), können die neuen Hotels hier nur als Planentwürfe und in entsprechenden Modellen vorgestellt werden. Wie gesagt, handelt es sich bei beiden wieder zu

Villa Germania, um 1900

errichtenden Häuserkomplexen um die ersten großen Tourismusobjekte des Ortes, um die historischen Anfänge des Seebades und den Beginn einer Entwicklung, die in zeitgeschichtlich kürzester Zeit ein funkelnagelneues Gemeinwesen aus Dünen und Ödland emporwachsen ließ, über das im Folgenden kurz und knapp informiert werden soll:

Den Namen Bansin hat der neue Ort von dem alten, am Ufer des Gothensees und zwei Kilometer von der Ostsee entfernt gelegenem Dorf Bansin übernommen, aus dem, auch unterstützt von einigen Berliner Sommergästen, die meisten seiner zuerst sehr wenigen Gründer kamen. Dieses Dorf also, erstmalig 1256 unter dem Namen Banzino urkundlich erwähnt, wahrscheinlich aber viel älter, wurde Ausgangspunkt und Namensgeber einer Neugründung am Meeresufer, die zuerst nur aus ein paar hölzernen Badeanstalten am Strand bestand und wenige Jahre später schon in neuen Hotels und Pensionen Tausende Sommergäste zählte. Das älteste noch heute existierende Gebäude des späteren Seebades wurde von einem aus dem Dorf Bansin kommenden Fischer Frank errichtet. Wir wissen nicht, wann es erbaut wurde und wie es ursprünglich aussah. Aber es ist noch vorhanden und kann in Augenschein genommen werden. Wir sehen es heute in einer Gestalt, die es erst angenommen hat, als der Fischer Frank es im Jahre 1892 an einen wohlhabenden Berliner namens Emil Wichmann verkaufte, einschließlich des umliegenden Wald- und Wiesenareals. Der neue Besitzer ließ das Gebäude verschalen und gestaltete die Umgebung durch die Anlage von Blumenrabatten und die Anpflanzung von Obstbäumen und Ziersträuchern zu einem, in dieser Einöde tatsächlich bewundernswerten, Sommerdomizil. Heute liegt das schon von Wichmann „Waldesruh" getaufte Anwesen – inzwischen von Neubauten umgeben – immer noch im Wald, genauer am Waldesrand, im Kreuzungsbereich von Kirch- und Seestraße und wird immer noch genutzt. Der ursprüngliche Plan, einmal ein Bansiner Ortsmuseum daraus zu machen, ist bisher nicht realisiert worden. Wie dem auch sei: Nach fast dreißig Jahren eigener Nutzung verkaufte Emil Wichmann sein Bansiner Sommeranwesen an den Begründer der Sternwarte von Berlin-Treptow, den bekannten Astronomen Friedrich Archenhold, der von da an für lange Zeit zu den bekannten Bansiner Gästen gehörte. Wie gesagt, ist dieses älteste Haus Ursprung des späteren Seebades und Emil Wichmann gehörte zu dessen Begründern. Seine Bemühungen allerdings, Einwohner aus dem Dorf Bansin für die Errichtung eines Seebades am Ostseeufer zu begeistern, scheiterten vorerst. Nur der im alten Dorf Sallenthin lebende Schriftsteller Ernst Necker zeigte entsprechendes Interesse. Nach langwierigen Bemühungen gelang es den beiden,

Strandleben, um 1905

eine Art Gründungsgemeinschaft zu bilden und einen Anfang zu machen. Am Strand errichtete die kleine Genossenschaft zwei Badeanstalten, die der Zimmermeister Grünberg aus Ahlbeck erbaute. Das umliegende Dünengebiet, auf dem wenig später das neue Seebad Bansin entstand, gehörte der Aktiengesellschaft Seebad Heringsdorf, die „nebenan“ schon ein berühmtes Weltbad betrieb und von der alle potenziellen Hotelbauherren in Bansin für teures Geld entsprechende Territorien erwerben mussten. Zu ihnen gehörte neben dem Maschinenmeister Wille, der auf dem Dünengebiet am unteren Ende der späteren Seestraße 1896 das Hotel „Meeresstrand“ erbauen ließ, auch der Schriftsteller Ernst Necker, der wenige Meter westwärts zur gleichen Zeit das „Strandhaus“ erbaute. Damit war die Geburtsstunde des neuen Seebades eingeläutet und den beiden ersten Bauherren folgten noch im gleichen Jahr zahlreiche weitere, zumal die Gründergemeinschaft sich um reiche und daher kapitalkräftige „Auswärtige“ wie den Berliner Handschuhfabrikanten Ahlemann und den wohlhabenden Zahnarzt Lustig erweitert hatte. Schon im Herbst 1896 begannen sie mit dem Bau von Pensionen und Gästehäusern hauptsächlich im Bereich der unteren Seestraße, die zum allergrößten Teil noch heute existieren. Der Malermeister Max Vahl, der schon ein Jahr später zum ersten Bansiner Ortschronisten wurde, errichtete das Haus „Am Waldessaum“ in der heutigen Waldstraße und verzeichnete schon ein Jahr später über dreihundert Badegäste in den neuen Häusern, zu denen z. B. die noch heute bestehenden Häuser „Margarete“ oder „Elsbeth“ gehören. Carl Proll errichtete in einer ehemaligen Lehmgrube an der heutigen Kreuzung von See- und Waldstraße die „Villa Proll“, aus der später das „Hotel zur Post“ wurde, dessen Ursprungsbau noch heute an gleicher Stelle existiert, das sich aber mit großen An- und Neubauten in Richtung Schloonsee so ausgeweitet und vergrößert hat, dass es wie ein eigenes „Stadtviertel“ in der Ortsmitte des Seebades wirkt. Die „Villa Daheim“ des Seebadmitbegründers Ahlemann, die sich an den „Hotel-zur-Post“-Komplex anschloss, musste 1997 wegen Baufälligkeit abgerissen werden und wurde durch einen schmucklosen Neubau ersetzt, in dessen Erdgeschoss heute ein indisches Textilgeschäft und ein Friseursalon ihre Kunden betreuen. Auch das Gebäude des eigenen örtlichen Postamtes ist den Erweiterungsbauten des Hotels „Zur Post“ zum Opfer gefallen.

Jedenfalls war die Bautätigkeit nach der Seebadgründung von 1897 und vor allem, nachdem das Seebad durch kaiserlichen Erlass von 1901 die kommunale Selbständigkeit erlangt hatte, enorm. Die zahlreichen Villen der Bergstraße etwa sollen in gut einem Jahr erbaut worden sein und gelten bis auf den heutigen Tag als ein klassisches Beispiel der sogenannten Bäderarchitektur. Vor der

Promenade mit Meerwasser-Trinkhalle in den 1930er Jahren

Bergstraße zum Strand hin entstanden dort, wo heute die Promenade verläuft und im Anschluss an die ersten Häuser „Meeresstrand“ und „Strandhaus“, wie an einer Perlenkette aufgereiht Pensions- und Hotelbauten. Ein Musterbeispiel für die gute Seebadplanung ist Art und Weise der Baugestaltung: beide Häuserzeilen, die der Bergstraße und die der Promenade, wurden „versetzt“ errichtet, sodass die Villen der Bergstraße einen ebenso freien Blick auf das Meer haben, wie die der darunter liegenden Promenade.
Bereits im Jahre 1903 erbauten die Bansiner ihr eigenes Rathaus mit dem angeschlossenen, damals üblichen und noch Jahrzehnte nach dem Zweiten Weltkrieg genutzten Warmbad. Heute befindet sich in diesem Gebäude die zentrale Kurverwaltung der zu einer Gemeinde zusammengeschlossenen Seebäder Ahlbeck, Heringsdorf und Bansin sowie der Sitz des regionalen Tourismusverbandes.
Noch vor dem Ersten Weltkrieg also und auch vor der bisher schwersten Sturmflut in der Silvesternacht 1913/14, die dem Ort großen Schaden zufügte, war das neue Seebad sozusagen fertig. Die Schäden des Sturmhochwassers wurden in einer gemeinschaftlichen Solidaritätsaktion der Einwohner in kürzester Zeit beseitigt, sodass der Ort zur Saison 1914 wieder seine alten und neuen Gäste aus Hoch- und Geldadel empfangen konnte, denn es war von Anfang an das Ziel der Ortsgründer gewesen, „vornehme“ Gäste anzuziehen, was ihnen in den bisher 15 Jahren seiner Existenz auch durchaus gelungen war. Und zu Beginn der Sommersaison 1913 kamen die entsprechenden Besucher auch noch, die Prinzen, Fürsten, Kaiserverwandten und die Leute mit den Brieftaschen, deren Inhalt ihnen einen Aufenthalt in dem eleganten Seebad möglich machte – dazu natürlich die Dienstboten aller Art, die Kutscher und Chauffeure. Das Sturmhochwasser war vergessen, die Welt war wieder in Ordnung und das Geld strömte wieder nach Bansin. Kurze Zeit später strömte es nicht mehr und die Welt war auch keineswegs mehr in Ordnung: Der Erste Weltkrieg hatte begonnen und die luxuriösen Zeiten hatten ein Ende.
Nach dem Ende des Krieges und der ihm folgenden Inflation, die mehrere alte Seebadgründer ihre Hotels und Pensionen kostete, den armenischen Spekulanten Dikran Sahargian im Hotel „Meeresstrand“ eine Teppichweberei einrichten und darin arbeitslose Bansiner Frauen als Weberinnen beschäftigen ließ, begann in den zwanziger Jahren des 20. Jahrhunderts die bis jetzt beste Zeit des Seebades: Die Promenade wurde neu gestaltet und war und blieb bis heute die einzige der drei Kaiserbäder, von der aus man von Anfang bis Ende die Ostsee sehen konnte. Bansin und Binz (Rügen) erhielten 1923 die erste sogenannte Freibadeerlaubnis, die es den Gästen gestattete, sich in Badekleidung frei am Strand zu bewegen und

Das Strandhotel „Wiese", 1938

sich so auch vom Strandkorb aus ins Wasser zu begeben. Danach wurden die Badeanstalten überflüssig und nach und nach abgerissen. Das letzte dieser weiß gestrichenen Holzgebäude fiel allerdings erst in den vierziger Jahren. Damit waren die Strandbauten der frühesten Gründerzeit endgültig verschwunden.
Inzwischen hatten die Brückenbauten über den Peenestrom – 1931 wurde die neue Straßenbrücke bei Zecherin und 1934 die modernste Eisenbahnhubbrücke Deutschlands bei Karnin eingeweiht – den Gästestrom vor allem aus dem Berliner Raum vervielfacht und das junge Seebad Bansin bot ein Bild außerordentlicher Eleganz: Tausend Strandkörbe standen am Meeresufer in damals noch erlaubten runden Sandwällen, die „Burgen" genannt und in mehrfachen sommerlichen Wettbewerben nach Größe, Schönheit und Gestaltung bewertet wurden.
Zwischen den Badeorten verkehrten Motorboote in regelmäßigen Abständen und von Stettin und Swinemünde aus kamen Dampfschiffe, um an den buntbeflaggten Seebrücken ihre Passagiere zu Ausflügen und Reisen nach Rügen und auf die dänische Insel Bornholm abzuholen. Auf dem Meer landeten Wasserflugzeuge, mit denen auch Rundflüge unternommen werden konnten. Auf dem Kurplatz im Jahr 1932 errichteten und noch heute existierenden Musikpavillon, gastierten bekannte und berühmte Dirigenten und Solisten zu den regelmäßigen täglichen Konzerten des Kurorchesters. Die Gästezahlen stiegen von Jahr zu Jahr: In den Glanzzeiten der Weimarer Republik wiesen die Bansiner Kurlisten für 1927 knapp über zehntausend Sommergäste aus, drei Jahre später schon elfeinhalbtausend. Auch die Weltwirtschaftskrise von 1929 bis 1932 konnte dem Seebad so gut wie gar nichts anhaben, abgesehen davon, dass wieder einige Besitzer ihre Häuser an kapitalkräftige Spekulanten verloren. Der Gästezustrom jedoch blieb ungebrochen, die Kurkapelle spielte flotte Märsche und in Deutschland zog die braune Macht herauf.
Am Strand, wo die vornehmen Bansiner Urlauber auch in der Weimarer Republik kaum das amtliche Schwarz-Rot-Gold an den Fahnenmasten ihrer Burgwälle gezeigt, sondern stets dem kaiserlichen Schwarz-Weiß-Rot den Vorzug gegeben hatten, mischten sich zunehmend mehr die hitlerschen Hakenkreuzfahnen in den Flaggenwald, bis sie schließlich nach der sogenannten „Machtergreifung" das Flaggenbild an Strand und Promenade beherrschten. Ansonsten blieb alles beim Alten: Im eleganten Café „Asgard" an der östlichen Promenade tanzten weiterhin prominente und vornehme Gäste, in der Spielbank rollte die deutsche Reichmark, und im Hotel „Meeresstrand" fanden zu Beginn und zum Ausklang der Saison die großen Bälle statt, abgesehen von den sonstigen Tanz- und Unter-

Das Genesungsheim „Fortschritt", ehemals Strandhotel „Wiese", 1953

haltungsveranstaltungen, die dieses Haus besonders auszeichneten und zu denen auch die großen und angesehenen internationalen Tanzturniere gehörten. An neuen Bauten allerdings kam in der braunen Zeit fast nichts dazu. Dem „Wehrertüchtigungswillen“ der neuen Machthaber verdankt der Ort jedoch die der Schule angeschlossene große und bis heute vielfältig genutzte Turnhalle, die nach der Wende von 1989/90 um das reichlich besuchte und bestens ausgestattete Jugendfreizeitzentrum erweitert wurde.

Fast symbolisch könnte man den zweiten großen öffentlichen Neubau der dreißiger Jahre nennen: Am 12. Februar 1939 öffnete die gerade fertiggestellte Kirche am Waldrand von Bansin erstmalig ihre Pforten. Schon ein halbes Jahr später mussten Frauen und Mütter in ihrer schlichten Halle um die gesunde Heimkehr ihrer Männer und Söhne beten: der Zweite Weltkrieg hatte begonnen. Fünfzig Jahre später war sie mehrmals Versammlungs- und Diskussionsort der Bürger, die in den Kaiserbädern die politische Wende von 1989 im Ostteil der Insel Usedom mit auf den Weg brachten.

Zurück zur Historie: Wie in allen anderen Seebädern veränderte der Beginn und Verlauf des Zweiten Weltkrieges auch in Bansin das Leben und Geschehen auf entscheidende Weise. Die Gäste waren verschwunden, die leerstehenden Hotels und Pensionen jedoch waren geblieben. Sie sollten, je länger der Krieg dauerte und je grausamer er wurde, neue Verwendung für neue „Gäste“ finden. Mit den zunehmenden Luftangriffen der angloamerikanischen Bomberflotten auf deutsche Großstädte – ausgelöst durch die Zerstörung der britischen Stadt Coventry durch die deutsche Luftwaffe schon im Jahre 1940 – wurden die von keinen kriegerischen Ereignissen bedrohten Ostseebäder zu Evakuierungsorten: Die sogenannte „Kinderlandverschickung“, in verkürzter Form stets KLV genannt, entsandte Kinder und Jugendliche aus den bombardierten oder durch mögliche Bombardements stark gefährdeten Großstädten in die leerstehenden Hotels und Pensionen der Ostseebäder. Natürlich war auch Bansin davon betroffen und sicher verdanken viele Kinder von damals ihr Leben dem Aufenthalt in diesem Seebad. Sie blieben jedoch nicht die einzigen „Gäste“ während des Krieges. Hier also waren sie sicher. In Peenemünde und Karlshagen waren sie es nicht, ebenso wenig wie in der militärgefüllten Kriegshafenstadt Swinemünde, von der aus die Inseln Usedom und Wollin nach wie vor regiert wurden. Jedoch liegen die Ereignisse, die in den beiden genannten Ortsbereichen für viele Tote und Verletzte sorgten, rund zwei Jahre auseinander: Im Jahre 1943 legten alliierte Bomberverbände die sogenannte „Heeresversuchsanstalt Peenemünde“ in der Wernher von Braun mit zahlreichen Wissenschaftlern die Raketenwaffen V 1 (eine sogenannte Flügelbombe) und V 2 entwickelte, und

Die Kaiserbäder aus der Luft, 1999

ihre Wohnbereiche in Schutt und Asche, sodass Braun selbst und weiteres Personal kurzfristig nach Bansin übersiedeln musste, bevor in Nordhausen eine neue Produktionsstätte für die V-Waffenproduktion eingerichtet werden konnte. Das „V" in der Bezeichnung dieser Waffen, mit denen vor allem London beschossen wurde, stand für das Wort „Vergeltung" und sollte als eine Art Rache für die Luftangriffe auf deutsche Städte verstanden werden. Jedoch sollten diese als „Wunderwaffen" bezeichneten Raketen auch den Krieg zugunsten des „Großdeutschen Reiches" siegreich entscheiden helfen, was jedoch nirgends und niemals gelang. Im Gegenteil: Der von Deutschland entfesselte Krieg kehrte schon zwei Jahre nach der Zerstörung Peenemündes in sein Ausgangsland zurück und traf nun mit grausamer Kraft die 10 Kilometer östlich von Bansin liegende Kreisstadt Swinemünde. Am 12. März 1945, als die Rote Armee sozusagen vor den Toren stand und das Ende des Krieges bereits eindeutig feststand, vernichteten die alliierten Fliegerverbände in einem Tagesangriff die Stadt, die von Flüchtlingen überfüllt war und in der in dieser einen Mittagsstunde 23.000 Menschen ihr Leben verloren. Sie wurden auf dem Golm, einem Berg in der Nähe der Stadt, beigesetzt. Noch heute findet jedes Jahr am 12. März eine große Gedenkveranstaltung auf diesem Gräberfeld direkt an der jetzigen deutsch-polnischen Landesgrenze statt. Nach diesem Bombardement füllten Flüchtlinge aus allen Gebieten jenseits der Oder und aus Swinemünde und der Nachbarinsel Wollin die Bansiner Hotels und Pensionen. Manche zogen nicht weiter gen Westen, sondern blieben im Ort, sodass in den Hotels viele Räume dem nach dem Krieg wieder einsetzenden Fremdenverkehr entzogen blieben. Das änderte sich grundsätzlich und gründlich erst 50 Jahre später nach 1990. Der Fremdenverkehr in den ersten Nachkriegsjahren wurde noch vom Schwarzhandel dominiert und blieb dies in abgemilderter Form noch eine Weile, bis sich das Leben nach und nach normalisierte. Nach wie vor lieferten Berlin und die sächsischen und thüringischen Regionen die Gästescharen für Bansin. Der „Bansiner Hof", der schon in den zwanziger Jahren Gewerkschafter aufgenommen hatte, sowie das „Haus Teltow" in der Bergstraße und manche Zimmer in anderen Häusern wurden vom Feriendienst der Gewerkschaften oder von der Sozialversicherung mit erholungsbedürftigen Werktätigen belegt, blieben aber die Ausnahme. Nach wie vor bestimmten „gutbetuchte" Gäste wie in den Vorkriegszeiten die Urlauberstruktur des Seebades. Das änderte sich mit einem Schlag in einer Nacht- und Nebelaktion der Staatsmacht, als im Vorsommer 1953 Sicherheitskräfte aller Art, die vorsorglich aus anderen Regionen der DDR in die Kurorte gebrachte worden waren, unter dem Codebegriff „Aktion Rose" in Hotels und Pensionshäuser eindrangen und dort in Kellern und Vorratsräumen „gehortete" Waren und Lebensmitteln entdeckten (was für diese Betriebe ja selbstverständlich war). Deshalb wurden die Eigentümer verhaftet und in Wirtschaftsstrafverfahren zu Haftstrafen verurteilt, worauf es aber den Initiatoren der Aktion im Grunde gar nicht ankam. Viel wichtiger war die mit der Bestrafung verbundene Beschlagnahme der Häuser, die nunmehr dem Feriendienst der Gewerkschaften zur Nutzung übertragen wurden. Viele bisherige Besitzer verließen nach relativ kurzer Haft die DDR in Richtung Westen und kehrten auch nach dem 17. Juni 1953, in dessen Folge einige ihr Eigentum zurückerhielten, nicht in ihre Heimat zurück. Sie bzw. ihre Kinder, Enkel oder andere Angehörige taten dies erst vierzig Jahre später nach der Wiedervereinigung. Danach veräußerten sie jedoch in manchen Fällen ihr Eigentum an ebenfalls aus den westlichen Bundesländern und vor allem aus entsprechenden Geschäftsgründen eingereiste Investoren, die im Unterschied zu den Einheimischen das notwendige Kapital besaßen und um regierungsamtliche Fördermittel aufstocken konnten, um es in Renovierung, Sanierung, Umgestaltung und Neubau zu investieren. In Bansin gibt es nicht wenige Beispiele für derartige bauliche Umgestaltungen. Jedenfalls ist an vielen Stellen das Bild der Seebäder auf diese Weise erheblich beeinflusst worden. An dieser Stelle muss auf einen wichtigen und unbestreitbaren Sachverhalt hingewiesen werden: In den vierzig Jahren DDR gelangten zwar durch den gewerkschaftlichen Feriendienst Tausende oft schwer arbeitender Menschen in den Genuss für sie billiger Ostseeaufenthalte, die sich diesen Luxus sonst nicht hätten leisten können. Diesem durchaus positiven Verhalten des Staates DDR stand allerdings dessen materielles und finanzielles Unvermögen gegenüber, die so genutzten Hotel- und Pensionsbauten zu pflegen, zu erhalten oder gar auszubauen. In Bansin entstand in diesen vier Jahrzehnten nur ein einziger Hotelneubau am westlichen Ende der Bergstraße: Es war ein Erholungsheim des Ministeriums für Staatssicherheit mit dem Namen „Freundschaft". Heute ist es, um zwei der Bäderarchitektur durchaus entsprechende Neubauten, eine Dachterrasse und ein Penthaus sowie zahlreiche Wellnesseinrichtungen bereichertes hochmodernes Hotel der Travell-Charme-Gruppe und heißt nunmehr „Strandhotel". Es markiert deutlich sichtbar die baulichen Veränderungen nach 1990, von denen Promenade, Bergstraße und Zentrum des Seebades besonders profitiert haben. Jedoch veränderte die Wiedervereinigung auch andere Bereiche des Ortes in entscheidender Weise: Da die Hotel- und Pensionsbauten wieder ihrem ursprünglichen Zweck zugeführt werden sollten, mussten Wohn- und Lebensalternativen für deren Bewohner, die oder deren Vorfahren als Flüchtlinge in diese Gebäude eingewiesen worden waren, geschaffen werden. Denn trotz entsprechender Initiativen des damaligen gewerkschaftlichen Feriendienstes waren die Seebäder zu DDR-Zeiten keineswegs Bestandteil des staatlichen Wohnungsbauprogramms. Erst nach der Wiedervereinigung war es durch erhebliche staatliche und private Investitionen möglich, größere Wohngebiete völlig neu zu schaffen. In Bansin waren das die Siedlungsbereiche hinter den Bahnschienen am Rande und in der Nähe des alten Dorfes Bansin, sowie ein großer Siedlungskomplex am Rand des Schloonsees hinter und neben der durch moderne Anbauten erweiterten Schule. Daneben entstand hinter dem, „EKZ" genannten, modernen Einkaufs- und Dienstleistungszentrum und gegenüber dem ältesten Haus Bansins auf ehemaligem Wiesenland eine große Ferienhaussiedlung, deren Häuser an entsprechende Interessenten verkauft, verpachtet oder vermietet wurden. Und – wie schon erwähnt – aus dem noch heute so bezeichneten Traditions-„Hotel zur Post" an der unteren Seestraße wurde ein riesiger „Kaiser-Spa"-Komplex, dessen mächtige Hotelbauten ebenfalls bis an den Schloonsee reichen. Seit der Gründung des Seebades Ende des 19. und Anfang des 20. Jahrhunderts, hat es derartige umfangreiche bauliche Aktivitäten und Veränderungen nicht gegeben. Ob sie in jedem Falle bei allen Gästen und Einwohnern Gefallen finden und ob der Schutz und die Erhaltung von ursprünglicher Natur, von Baumbestand und Landschaftsbild dabei nicht oder doch gelitten haben, steht auf einem anderen Blatt. Vor dem letzten Weltkrieg galt Bansin als DAS BAD VON RUF. Der mag ihm bis heute erhalten geblieben sein. Bei seinen alten Gästen allerdings galt es auch als „klein, aber fein". Mag sein, dass das Feine noch vorhanden ist, klein aber ist ein Begriff, der nicht mehr zutrifft. In der Folge stellen wir alt und neu, Vergangenheit und Gegenwart des Seebades anhand seiner Bauten, seines Ortsbildes und seiner natürlichen Umwelt vor in der Überzeugung, dass Schönheit und Natur dieses jüngsten der drei Kaiserbäder dafür sorgen und werben werden, dass Erholung, Muße und Entspannung suchende Urlauber von nah und fern hier die Erfüllung ihrer Wünsche, Vorstellungen und Erwartungen finden werden.

Der Großsegler MIR im Morgenlicht, 2005

Die „freundlichen Grüße" von Emma und Elisabeth Fiebelkorn vom „schönen Ostseestrand" sind zwar in Ahlbeck abgesandt, aber auf einer Karte aus Bansin geschrieben worden: Die Damen haben sich den damals jüngsten Badeort der Insel Usedom angesehen: Zu Beginn des zwanzigsten Jahrhunderts, als das Seebad Bansin noch nicht einmal

zehn Jahre alt war, standen noch keine heute üblichen Strandkörbe am Meeresufer. Die Gäste aus den ebenfalls nagelneuen Villen an der noch schmalen Promenade hinter den Dünen mussten sich mit Strandlauben oder -buden begnügen, einer Lattenkonstruktion, deren Rücken- und Seitenwände mit Schilfrohr ausgefüllt waren. Aber das heutige „Sonnenbad" war ohnehin nicht üblich: Die „vornehme Blässe" stand den vornehmen Damen besser zu Gesicht. Auch ihre männlichen Partner verzichteten auf Sonnenbäder, sondern gingen im Straßenanzug mit Spazierstock und Melone am Strand spazieren. Niemand kam auf die Idee, sich auszuziehen oder gar ins Wasser zu gehen. Zu jener Zeit kann also von „Bade"-gästen nicht die Rede sein. Im Hintergrund die Häuser „Bertha" , heute „an der See", „Atlantic" und „Villa Hedwig", heute „Villa Meeresstrand".

Zwanzig Jahre später hatte sich das Bild am Strand und auch das Verhalten der Badegäste wesentlich verändert. Die Lauben waren statt mit Schilfrohr mit buntgestreiftem Markisenstoff bespannt, ihre Rückenteile ließen sich nach hinten ausklappen, so dass man sich bequem zurücklehnen und nun auch schon der Sonne aussetzen konnte, um die inzwischen Mode gewordene Bräune zu erlangen, von der man heute wiederum nicht mehr sicher ist, ob sie der Haut eigentlich gut tut oder ob die „vornehme Blässe" nicht auch die gesündere war. Zwischen den größer, breiter

und bequemer gewordenen Lauben fanden in ständig zunehmendem Maße die neuen Strandkörbe aus Rohrgeflecht Platz. Nach und nach verdrängten sie die Lauben und wurden in kurzer Zeit die beherrschenden „Aufenthaltsorte" am Strand. Seit 1923 war auch das Baden vom Strandkorb aus erlaubt, was die hölzernen Badeanstalten von früher – von denen eine noch im Hintergrund erkennbar ist – überflüssig machte und dafür sorgte, dass sie nach und nach abgerissen wurden.

Mitten im Ersten Weltkrieg, im kalten und ungemütlichen Juli des Jahres 1917, schrieb eine besorgte Frau die Feldpostkarte aus der Bansiner Bergstraße an einen Fliegerunteroffizier der Staffel 1 des entsprechenden Kampfgeschwaders und teilte ihm, von dem sie schon eine Weile nichts gehört hatte, mit, dass an diesem Nachmittag von hier aus noch ein Ausflug geplant sei. Obwohl die meisten Gäste schon knapp drei Jahre früher bei Kriegsbeginn den Ort

verlassen hatten, waren auch in diesen Zeiten noch Sommerbesucher in den vornehmen Villen anzutreffen. Die hier abgebildeten Pensionsbauten der Bergstraße existieren im gleichen Stil noch heute und gelten, wie die gesamte Straße mit ihren Gebäuden, als Musterbeispiel für die sogenannte Bäderarchitektur. Die offenen, den Wohnräumen vorgesetzten Veranden mit Säulen sind ein Hauptmerkmal dieses Baustils.

„innig erfreut" schrieb eine vornehme Dame ihrer Freundin Frau von Hertelt per Adresse Gräfin Pückler nach Hirschberg die besten Grüße aus Bansin. Das war am 2. September 1903. Die Karte zeigt das damalige Zentrum der neuen Promenade: In der links abgebildeten „Photographie" befindet sich heute ein Eiscafé und anstelle der Litfaßsäule von damals steht heute am gleichen Platz die sogenannte „Normaluhr". Zu dieser Zeit spielte der Strand als

Bademöglichkeit so gut wie keine Rolle. Viel wichtiger war das Flanieren auf der Promenade, wo man gesehen werden und seine modegerechte Kleidung zur Schau stellen konnte. Es waren meist knöchellange Röcke, zu denen die Damen leichte Blusen trugen und natürlich immer einen möglichst breitrandigen Hut, dazu oft einen Sonnenschirm – alles eine Darstellung reicher Eleganz. Die ist in dieser Art heute verschwunden.

Diese Postkarte aus dem Jahre 1928 zeigt Bansin in voller Pracht. Die zwanziger Jahre, sagen die Historiker, waren die Blütezeit des damals gut dreißig Jahre jungen Seebades. Noch stehen zwar die Badeanstalten, aber zwischen ihnen sind die Hunderte von Strandkörben und -lauben zu erkennen. Einen Konzertp1atz mit Musikpavillon gibt es noch nicht, aber die Anlage der Promenade und die Alleengestaltung ist trotz mancher Umgestaltungen, Verbesserungen

und Baumerneuerungen bis auf den heutigen Tag die gleiche geblieben. In dem nunmehr republikanischen Seebad der Weimarer Zeit erkennen wir nirgends einen Hauch von Schwarz-Rot-Gold; dafür flatterte stolz das kaiserliche Schwarz-Weiß-Rot und die entsprechende Reichskriegsflagge. Auf der Karte teilen die Absender den Adressaten mit, dass sie gerade einen Motorbootausflug nach Misdroy unternommen und ein kleines Paket mit frischen Flundern und einem Aal an sie abgesandt haben. Hier, vom Kopf der neuen Seebrücke aus, starten die Schiffe zu ihren Ausflugsfahrten in die Nachbarorte und in die polnischen Seebäder. Nur vom Brückenkopf und von den Schiffen aus hat man einen so eindrucksvollen Blick auf die Villen-, Hotel- und Pensions-Kette der Bansiner Strandpromenade.

Am 6. Juli 1914, wenige Wochen vor Beginn des Ersten Weltkrieges, wurde diese Karte von einem offenbar erholungsbedürftigen Kind an seine Eltern in Berlin geschrieben. Der Pfeil bezeichnet das heutige Haus „Midgard", in dem das Kind untergebracht und von den Ärzten betreut worden war. Auch heute noch sind in diesem Hause die örtlichen Arzt-Praxen untergebracht.

An der linken Seite der Straße befindet sich das Warmbad, das von Anfang an und jahrzehntelang zu jedem größeren Seebad gehörte. Ihm war in Bansin das Gemeindeamt als Sitz des Bürgermeisters angeschlossen. Auch heute noch steht „Warmbad" über dem Eingang des Gebäudes, obwohl es schon seit langem keine einzige Badezelle mehr darin gibt: Das Haus ist Sitz der Kurverwaltung der drei Kaiserbäder und des regionalen Tourismusverbandes. Auch das gegenüberliegende „Hotel am Schloonsee" ist in ursprünglicher Gestalt erhalten.

Wolfgang schreibt auf dieser Karte ins ferne sch1esische Görlitz, dass er sich hier im Seebad Bansin vorkomme, als hätte er in der Lotterie gewonnen. Diese Aussage und das Foto stammen vom Juli 1938, und der Zweite Weltkrieg ist noch über ein Jahr entfernt. Wir sehen am Strand die Körbe in den damals üblichen Sandwällen stehen, die Burgen genannt, und deren Errichtung erst geraume Zeit nach dem Krieg verboten wurde, denn: Bei jedem Sturmhochwasser

konnten die Körbe eingespült und zerstört werden. Im Hintergrund sind an der Promenade die oft als „Schweizerhäuser" oder Gebäude im russischen Landhausstil bezeichneten Pensionen „Vineta" und „Strandklause" zu erkennen, deren äußere Holzverkleidung ihnen vor allem diese Bezeichnung eingebracht hat und die noch heute in ursprünglicher Gestalt vorhanden sind. Das mehrteilige Hotelgebäude daneben war damals die Pension Runge, zu DDR-Zeiten das gewerkschaftliche Erholungsheim „Aufbau" und wurde nach 1990 abgerissen. Erst in jüngster Zeit wurde es durch einen monumentalen Neubau ersetzt.

Die hier abgebildete Villa Ney an der Kreuzung Seestraße/Bergstraße hat sowohl von der Namensgebung als auch von der Funktion her eine interessante Geschichte. Zur Zeit dieser Aufnahme aus dem Jahre 1904 war das Haus ganz sichtlich ein Pensions- oder Hotelgebäude, was es trotz seiner häufigen Namenswechsel auch bleiben sollte. Aus der Villa Ney wurde das Hotel „Reichskanzler", aus dem zu DDR-Zeiten das gewerkschaftliche Ferienheim „Zur Ostsee", das sich nach der Wende von 1989 wiederum in das „Seehotel Baltic" verwandelte. Es wechselte seine Namen so oft

wie seine Betreiber und veränderte sich – von den oberen Teilen der Fassade abgesehen – auch äußerlich. Im Souterrain beherbergte es an der Ecke eine Kneipe namens „Körnchenkeller“, woraus zu DDR-Zeiten die Gaststätte „Kogge“ wurde. Diese wiederum wurde 1967 zur Gründungsstätte des Inselklubs des damaligen Kulturbundes. Noch heute stellt der Klub eine wesentliche Heimstätte des geistigen Lebens auf der Insel dar. Die „Kogge“ jedoch wechselte Betreiber und Angebotsarten, ist als Gaststätte aber noch vorhanden. Daneben wurden im Souterrain aus Friseurgeschäften und Gemüseläden Schuhgeschäfte und Boutiquen und darüber aus Restaurantbetrieben Handelseinrichtungen aller Art – ein Ende dieses beständigen Wandels scheint kaum abzusehen.

Im Jahre 1907, als das deutsche Kaiserreich in voller Blüte stand und dessen Mitglieder und Freunde sich auch in dem aufstrebenden Bansin zur „Sommerfrische" aufhielten, war der Ort schon erheblich größer geworden. Auf diesem Bild der mittleren Seestraße erkennen wir an der rechten Seite die noch heute existierenden Villen „Margarethe"

und „Hentze", sowie das aus den Gründerzeiten Bansins stammende Haus „Daheim", das 1997 allerdings abgerissen und durch einen Neubau ersetzt wurde, in dessen Erdgeschoss heute ein indisches und ein deutsches Bekleidungsgeschäft, sowie ein Friseursalon ihr Domizil gefunden haben. Auf der linken Seite an der heutigen Einmündung der Schillerstraße das unverändert erhaltene Haus „Ehrentraut", das heute „Via mare" heißt und ihm folgend die Villa „Berty". Die Grundstücke im Vordergrund waren damals noch nicht bebaut.

Abgesehen von dem leider fehlenden Baumbestand ist die große Kreuzung Seestraße/Waldstraße unverändert erhalten geblieben. Die Waldstraße, die damals Schloon- und zu DDR-Zeiten Friedrich-Engels-Straße hieß, trägt ihren Namen immer noch zu recht, da sie tatsächlich den Waldteil im Ortsinnern begrenzt. Die Gebäude auf der rechten Seite beherbergen heute keine Zigarrenläden mehr, sondern eine Spezialarztpraxis und die örtliche Apotheke. Auf der

linken Seite hat das halbverdeckte Eckgebäude mehrfach seinen Namen gewechselt: Das einstige Hotel „Kehrwieder" wurde in der DDR zum großzügig erweiterten Erholungsheim „Marchlewski" und nach 1989 wegen des angrenzenden Waldareals und des dortigen Baumbestandes zum Hotel „Buchenpark". Das gesamte Gebiet um diese große Kreuzung herum mit seinen Hotels, zahlreichen Geschäften und Gaststätten unterschiedlichster Art gilt bis heute als das eigentliche Zentrum des Ortes.

Im Juli des Jahres 1905, als schon die moderneren Strandkörbe zwischen den bis dahin üblichen Strandlauben auftauchten und die Damen und Herren noch in voller Bekleidung am Meeressaum promenierten, nahm die Gebäudefront der schmalen, hinter den Dünen gelegenen Promenade, schon ihr noch heute vorhandenes Aussehen an. Neben

dem am rechten Rand wahrnehmbaren Hotel „Atlantic“ erkennen wir in dem damals als „Villa Jung“ bezeichneten Gebäude die heutige Pension „An der See“. Die „Villa Krause“ existiert fast unverändert, und lediglich das heutige Café und Haus „Asgard“ weicht ein wenig von seinem Erscheinungsbild zu Kaisers Zeiten ab. Eines aber ist sich zweifellos gleich geblieben: Schilder mit Verhaltensregeln für den Aufenthalt am Strande und im Meer gab es damals wie heute. Und das muss wohl auch so sein.

Vierzehn Tage vor Beginn des Ersten Weltkrieges waren noch genug wohlbetuchte Gäste in dem jungen Seebad Bansin. Auf der Seebrücke allerdings wandelt an diesem Tag nur eine einzelne vornehme Dame im üblichen weißen knöchellangen Sommerkleid, die ihr Gesicht selbstverständlich mit einem ausreichend breitrandigen Hut vor Sonnen-

strahlen und möglicher Bräune schützt. Im Hintergrund sind die damals neuen Villen am westlichen Ende der Promenade und der Bergstraße zu erkennen: Von der linken Seite an die Häuser „Seeschloss", „Bucheck", „Teltow" und die damalige „Villa Langenberg", des Seebadmitbegründers Lustig, später „Haus Wiese" genannt und heute ein Teil des Hotels „Admiral". An der rechten Strandseite befand und befindet sich noch heute der Bansiner Fischerstrand. Die Seebrücke selbst musste geraume Zeit nach dem Zweiten Weltkrieg wegen Baufälligkeit zuerst gesperrt und schließlich abgerissen und nach 1990 durch den heutigen Neubau ersetzt werden.

Im Jahre 1922, als die langen Kleider eigentlich schon aus der Mode waren, sieht die Kreuzung Seestraße/Bergstraße schon fast so aus wie heute. Die Namen der Villen sind allerdings – vom Hause „Freya" abgesehen – mit den heutigen nicht mehr in Übereinstimmung zu bringen. Das die Kreuzung dominierende Gebäude an der rechten Seite war

zu DDR-Zeiten ein Altersheim, dient heute wieder dem Fremdenverkehr und beherbergt im Erdgeschoss das vielbesuchte Café „Florian". Im Eckhaus gegenüber befindet sich die örtliche Buchhandlung. Was sich bedauerlicherweise gründlich verändert hat, ist der Baumbestand, der in diesem Bereich erheblich reduziert wurde und erst in jüngster Zeit durch Neuanpflanzungen eine sparsame Erneuerung erfährt.

Die Abbildung auf dieser Feldpostkarte vom 5. August 1916 ist offensichtlich älteren Datums. Sie zeigt die schon in den frühesten Jahren des 20. Jahrhunderts bebaute Bergstraße aus westlicher Richtung – also sozusagen von oben nach unten. Im Vordergrund wird sie vom heutigen Fischerweg gequert. An der rechten Seite erkennen wir mit dem

Haus „Hubertus“ eines der üblichen großen Pensionsgebäude dieser von der Bäderarchitektur geprägten Straße. Wie erkennbar, waren Kutschen das gängige Verkehrsmittel der Gäste, und Herren „hoch zu Ross“ gehörten zum Straßenbild. Auch heute gehören Reiter beiderlei Geschlechts vor allem im Wald, aber bisweilen auch am Strand, zu den „Verkehrsteilnehmern“ im Seebad.

Von den ansteigenden Hügeln des Langenberges – der bekannten Usedomer Steilküste – blicken wir auf die westlichen Ausläufer der Bergstraße. An der rechten Seite im Vordergrund ist das kleine Haus „Margot" auszumachen, an dessen Stelle heute zwei große gleichnamige Ferienunterkünfte das Straßenbild beherrschen. In der Mitte des Bildes

ist das Haus „Rolandseck“ zu erkennen, das noch heute, wenn auch in leicht veränderter Form, als Urlaubsobjekt existiert. Aus der Blickrichtung dieses Bildes ist das Haus „Rolandseck“ kaum noch auszumachen, da die Neubauten das zu DDR-Zeiten als betriebliches Ferienheim geführte Haus fast verdecken.

Im Jahre 1937 war Bansin schon lange „Das Bad von Ruf", wie selbst der Poststempel auf dieser Ansichtskarte ausdrücklich vermerkt. Die frühere einfache Promenade hat sich inzwischen in die noch heute existierende mehrspurige Flaniermeile verwandelt, zwischen deren abgestuften Spazierwegen Blumenrabatten und Rasenflächen angelegt wurden.

Zwar ist eine der alten Badeanstalten noch vorhanden und der Platz vor dem Musikpavillon ist noch nicht zum heutigen Konzertplatz ausgebaut. Jedoch ist die „Normaluhr" schon vorhanden, und das Gesamtbild dieses Promenadenzentrums unterscheidet sich kaum von dem heutigen. Die Normaluhr ist die gleiche geblieben wie damals, auch die Geschäftszeile links davon ist unverändert. Nur die alten Bäume der Allee sind neuen Anpflanzungen gewichen, und an den Seiten des Pavillons wehen die Fahnen der westlichen und östlichen Ostseenachbarn Deutschlands.

Das ursprünglich als „Villa Berger" erbaute und später um den links des Haupthauses errichteten Speise- und Veranstaltungssaal erweiterte Haus „Seeschloss" war ein Domizil vornehmer Gäste. Nach dem Zweiten Weltkrieg diente es ab und zu sogar Vertretern der Amerikanischen Kontrollkommission in Deutschland (Alliierter Kontrollrat) zum zeit-

weiligen kurzfristigen Ostseeaufenthalt. Nach der „Aktion Rose“ im Jahre 1953 wurde es, wie viele andere, ein Heim des Feriendienstes der Gewerkschaften. Sein Saalgebäude diente ebenso als Speiseraum wie als vielgenutzte kulturelle Veranstaltungsstätte. Prominente Künstler aller Art traten hier auf. Nach 1990, als Haus und Grundstück durch neue Eigentümer erworben worden waren, wurde das alte „Seeschloss“ abgerissen und unter dem gleichen Namen ein neues großzügig gestaltetes Hotel errichtet, das heute die westliche Promenade über dem Fischerstrand dominiert.

Mit dem Hotel „Meeresstrand“ nahm das Seebad Bansin 1897 seinen Anfang. Seine Besitzer wechselten, das Haus selbst wurde im Laufe der Jahrzehnte immer schöner. Durch die Tatkraft und Initiative seiner Besitzer und Betreiber, vom Erbauer Wille über die Familie Naumann bis zu August Wiese, wurde das Haus zu einem touristischen Kleinod der Insel Usedom. Es erhielt den größten und schönsten Tanz- und Gesellschaftssaal, in dem sowohl vor als auch nach

dem Zweiten Weltkrieg die großen internationalen Tanzturniere der Sonderklasse stattfanden und in dem unzählige Großveranstaltungen mit besten Künstlern Gäste und Einwohner gleicher maßen begeisterten. Natürlich kam auch dieses Haus nach der „Aktion Rose" unter die Verwaltung des Feriendienstes der Gewerkschaften, der dort seine örtliche Zentrale einrichtete, das Saalgebäude aber unverändert als hochgeschätzten kulturellen Veranstaltungsort weiter betrieb. Nach 1990 fiel auch Hotel und Saal des Hauses „Meeresstrand" der Abrissbirne zum Opfer, soll aber von den gleichen Investoren, die schon das neue Haus „Seeschloss" erbauten, in kürzester Zeit wiedererrichtet werden.

Literaturhinweise

- Adomat, Marion, Bansin - Von der Gründung bis zum Zweiten Weltkrieg, Demmler Verlag 1998
- Burkhardt, Robert, Chronik der Insel Usedom, Swinemünde 1909-1912
- Richter, Egon; Heringsdorf, Ahlbeck, Bansin; Demmler Verlag, Schwerin 2005
- Richter, Egon; Bansin – Die Geschichte einer Weltbades; Konrad Reich Verlag, Rostock 1990
- Rolfs, Peter August, Die Insel Usedom – Die Insel Wollin, Ein Heimatbuch und Reiseführer; Reprint der Ausgabe von 1933, Husum 1984
- Richter, Egon; Ahlbeck Innenansichten, Konrad Reich Verlag, Rostock 1991
- Richter, Egon; Heringsdorf Innenansichten, Konrad Reich Verlag, Rostock 1991
- Usedom – Sagen und Geschichten, Demmler Verlag, Schwerin 2005
- Ahlbeck, Heringsdorf, Bansin – Die Usedomer Kaiserbäder, Demmler Verlag, Schwerin 2005
- Usedom, DuMont Verlag, Ostfildern 2006
- Usedom, Karl Baedeker, Ostfildern 2007
- Stürtz Regio: Usedom, Verlagshaus Würzburg, Würzburg 2004

In dieser Serie erschienen

Seebad Heringsdorf –
Die Entwicklung eines Badeortes

ISBN 978-3-939399-11-7

Seebad Bansin –
Die Entwicklung eines Badeortes

ISBN 978-3-939399-10-0

Seebad Ahlbeck –
Die Entwicklung eines Badeortes

ISBN 978-3-939399-12-4

Der Autor Egon Richter lebt noch heute in dem Ort, in dem er am 12. Dezember 1932 geboren wurde, eben in jenem Seebad Bansin, über das er hier geschrieben hat. Dieser Ort ist seine Heimat, in ihm und in seiner liebenswerten landschaftlichen Umgebung, in den Wäldern rundherum und an den Seen fühlt er sich Zuhause - und natürlich sind das Meer und der Strand unverzichtbare Bestandteile seines Lebens. Ausbildung und Beruf brachten es mit sich, dass er Bansin für längere Zeit verlassen musste: Ausbildung beim ADN, der damaligen Nachrichtenagentur der DDR und das folgende Germanistikstudium an der Humboldt Universität in Berlin gehörten ebenso dazu wie der zweijähriger Aufenthalt in München, wo er von 1953-55 für einen Korrespondenten des SPIEGEL tätig war. Nach seiner Rückkehr nach Bansin war er von 1955-65 als Berichterstatter für den Norden der DDR und dann als Reporter für die Wochenzeitung SONNTAG tätig. Während dieser Zeit begann er mit literarischen Arbeiten, zuerst mit dem auch autobiographisch gefärbten Buch „Ferien am Feuer“ über die Geschichte(n) von Halbwüchsigen 1945. Auch die folgenden Romane und Erzählungen beschäftigten sich mit Konfliktsituationen von Menschen in der DDR. Sein Geschichtsinteresse veranlasste ihn zum biographischen Roman „Die letzte Fahrt der Königin Luise“. Und es zog ihn in fremde Länder, um darüber zu schreiben. Nach 1989 wendete er sich mit großer Freude auch literarisch seiner Heimat zu. Von Egon Richter liegen Regionalbücher über Bansin, Heringsdorf, Ahlbeck, „Die Insel Usedom“, „Usedom - Sagen und Geschichten“ u.a. vor. Titelliste: Romane u. Erzählungen: Zeugnis zu dritt, Abflug der Prizessin, Der Lügner und die Bombe, Der Tod des alten Mannes, Reisebücher: Sehnsucht nach Sonne, Der goldene Schlüssel von Mangaseja, Eine Stadt und zehn Gesichter, Mit Katzensprüngen im Land der Fische, Im Land der weißen Kamele.

Volker Knuth: Abendstimmung

Der Fotograf **Volker Knuth** wurde im Jahre 1940 im Seebad Heringsdorf geboren. Seine Ausbildung absolvierte er als Fotolaborant und erlangte den Meisterabschluss. Als Fotografenmeister war er von 1977 bis 2006 selbständig. Seit 2006 widmet er seine Zeit, um nach Herzenslust selber zu fotografieren. Für das vorliegende Buch war er in den drei „Kaiserbädern" Bansin, Heringsdorf und Ahlbeck unterwegs und spürte genau die Stellen auf, von denen aus seine Berufskollegen vergangener Tage die historischen Aufnahmen machten. Die Auswahl der Aufnahmen richtete sich nach den derzeitigen Möglichkeiten zu fotografieren. Nicht immer war das möglich, manche Sichten sind inzwischen verbaut oder als Privateigentum nicht zugänglich. Die im Buch vereinten Fotos zeigen aber Folgendes: Den Wandel der Zeiten anhand der abgebildeten Personen und schöne Architektur ist unvergänglich.